BEI GRIN MACHT SICH IHR WISSEN BEZAHLT

- Wir veröffentlichen Ihre Hausarbeit, Bachelor- und Masterarbeit

- Ihr eigenes eBook und Buch - weltweit in allen wichtigen Shops

- Verdienen Sie an jedem Verkauf

Jetzt bei www.GRIN.com hochladen und kostenlos publizieren

Bibliografische Information der Deutschen Nationalbibliothek:

Die Deutsche Bibliothek verzeichnet diese Publikation in der Deutschen National-
bibliografie; detaillierte bibliografische Daten sind im Internet über http://dnb.d-
nb.de/ abrufbar.

Impressum:

Copyright © 2017 GRIN Verlag
Druck und Bindung: Books on Demand GmbH, Norderstedt Germany
ISBN: 9783668629356

Dieses Buch bei GRIN:

https://www.grin.com/document/387150

Sabine Scheffer

Wie kann Kindern, die sich in Mobbingsituationen befinden, geholfen werden?

GRIN Verlag

GRIN - Your knowledge has value

Der GRIN Verlag publiziert seit 1998 wissenschaftliche Arbeiten von Studenten, Hochschullehrern und anderen Akademikern als eBook und gedrucktes Buch. Die Verlagswebsite www.grin.com ist die ideale Plattform zur Veröffentlichung von Hausarbeiten, Abschlussarbeiten, wissenschaftlichen Aufsätzen, Dissertationen und Fachbüchern.

S E M I N A R A R B E I T

Wie kann Kindern, die sich in Mobbingsituationen befinden, geholfen werden?

Verfasserin: Sabine Scheffer
Lehrgang: Psychologischer Berater

Inhalt

Literaturverzeichnis

Alsaker, F. D. (2006). Psychische Folgen von Mobbing. In H. C. Steinhausen, *Schule und psychische Störungen* (S. 35-47). Stuttgart: Kohlhammer.

Alsaker, F. D. (2017). *Mutig gegen Mobbing in Kindergaten und Schule.* Bern: Hogrefe Verlag.

Betreut.de. (kein Datum). Abgerufen am 30. Juli 2017 von http://www.betreut.de/Artikel/Magzin/Kinder, Stand: 30.07.2017)

Cook, e. a. (2010). *Predictors of Bullying and Victimization in Childhood and Adolescence: A Meta-analytic Investigation.* American Psychological Association.

Dr. Eckardt, J.-J. (2006). *Mobbing bei Kindern: Erkennen, helfen, vorbeugen.* Stuttgart: Urania.

Kindler, W. (2009). *Schnelles Eingreifen bei Mobbing- Strategien für die Praxis.* Mühlheim an der Ruhr: Verlag an der Ruhr.

Konfliktvermittler Training. (kein Datum). Abgerufen am 12. 08 2017 von http://www.konfliktvermittler-training.de

Lagerspetz, e. a. (1982). *Bullies and victims: their ego picture, ideal ego pictureand normative ego picture.* Scandinavian Journal of Psychology.

Myers, D. G. (2014). *Psychologie* (3. Ausg.). Berlin Heidelberg: Springer Verlag.

Olweus, D. (1993). Victimization by peers: Antecedens and long-term outcomes. In K. Rubin, *Social withdrawal, inhibition and shyness in childhood* (S. 315-342). Hillsdale, NJ: Erlbaum.

Olweus, D. (1997). *Bully/victim problems in school: Knowledge base and an effective intervention program.* Irish Journal of Psychology.

Rossa, R. (2016). *Die 50 besten Anti-Mobbing-Spiele.* München: Don Bosco Medien GmbH.

Rostampour, P., & Melzer, W. (1999). Täter-Opfer-Typologien im schulischen Gewaltkontext. In H. e. al., *Forschung über Gewalt an Schulen. Erscheinungsformen und Ursachen, Konzepte und Prävention.* München: Juventa.

Schuster, B. (1997). *Bullying in der Schule: Ein Überblick über die Forschung und Anregungen aus verwandten Forschungstraditionen.* Empirische Pädagogik.

Einleitung

Kennen Sie das auch? Ihr Kind klagt morgens über Bauch- oder Kopfweh. Es möchte nicht in die Schule oder den Kindergarten, es weint nach dem Besuch von einer dieser Einrichtungen. Es hat keine, oder wenige Freunde, wirkt verschlossen, traurig, vielleicht aber auch jähzornig und wütend. Nachmittags möchte es am liebsten in seinem Zimmer bleiben, oder aber immer in Ihrer Nähe sein.

Vielleicht stellen Sie aber auch fest, dass neue, schöne Dinge ihres Kindes nach dem Besuch von Kindergarten oder Schule beschädigt sind, oder gar ganz fehlen.

Leider können dieses Anzeichen sein, dass ihr Kind in der Schule oder dem Kindergarten Gewalt, Ausgrenzung oder Mobbing erfahren muss.

Laut Statistik wird mindestens jeder zehnte Schüler im Laufe seiner Schulzeit zum Mobbing-Opfer, und noch mehr werden selbst zum Täter (vgl. www.diplomarbeiten24.de/document/87665, Stand: 12.08.2017). Eine erschreckende Anzahl, wie ich finde. Die Kinder können sich aus der Situation oft selbst nicht herausbringen.

Als Eltern, oder auch als Pädagoge steht man dem aber nicht völlig hilflos gegenüber, denn es gibt Möglichkeiten dem Kind zu helfen, es zu stärken und auch Möglichkeiten der Prävention.

Mobbing im Allgemeinen

Wann ist von Mobbing zu reden

Erstmals wurde das Phänomen Mobbing vor 39 Jahren im Jahr 1978 von Prof. Dr. Dan Åke Olweus (*1931) erforscht.

Danach folgten lange Zeit keine wissenschaftlichen Arbeiten mehr dazu und das Thema wurde erst in den letzten beiden Jahrzehnten verstärkt wieder aufgenommen. Die ersten Studien erfolgten ausschließlich in Skandinavien, später wurde jedoch auch in den verschiedensten Ländern der Welt geforscht.

Durch die Vielzahl der Forschungen wurde allerdings der Begriff „Mobbing" immer weniger differenziert definiert. Auch im Alltagssprachgebrauch wurde der Begriff „Mobbing" seitdem immer häufiger, mittlerweile geradezu inflationär, eingesetzt. Das Wort ist mittlerweile fester Bestandteil des deutschen Vokabulars.

Aber was genau ist unter Mobbing zu verstehen? Gewalt unter Kindern hat es schon immer gegeben, jedoch ist nicht jede aggressive Handlung eines Kindes gegen ein anderes auch unter dem Begriff „Mobbing" zu erfassen.

Françoise D. Alsaker, Professorin für Entwicklungspsychologie, erstellte dazu im Jahr 2003 eine Grafik, die den Unterschied zwischen einer Situation, in dem ein Kind durch aggressives Verhalten gegenüber verschiedenen anderen Kindern auffällig ist und einer Mobbing-Situation verdeutlicht.

Von einer Mobbingsituation spricht man nur dann, wenn ein Mobber, eventuell unterstützt durch Mittäter, wiederholt aggressiv gegen ein ausgewähltes Opfer vorgeht. Wobei es auch durchaus sein kann, dass auch ein weiteres Opfer auserkoren wird.

Während man in der ersten Konstellation „nur" die Problematik eines einzelnen aggressiven Kindes in den Griff bekommen muss, gilt es bei der Mobbing-Situation, eine Gruppendynamik zu durchbrechen.

„Mobbing ist eine spezielle Form von Aggression in Gruppen von Personen, in diesem Fall von Kindern. Von Mobbing (auch *Bullying, Schikanieren, Tyrannisieren*) spricht man dann, wenn ein Kind wiederholt und systematisch den Aggressionen eines oder mehrerer Kinder ausgesetzt ist." (Meyrs 2014, S. 773)

Bei dem Begriff Aggression geht man dabei von einer bewussten aggressiven Handlung aus.

Unter der Systematik ist zu verstehen, dass es nicht Zufall ist, dass ein Kind immer wieder zum Opfer der Mobber wird. Möglicherweise war dieses zwar zufällig greifbar, als der Mobber ein Opfer auswählen wollte, jedoch hält der Mobber an seinem Opfer fest und sieht auch keine Notwendigkeit, nach einem anderen Opfer zu suchen. Die Gefahr die sich jedoch dabei ergibt ist, dass weitere Kinder leicht zu Mitläufern werden und auch nicht gewillt sind, dem Opfer beizustehen, da sich durch die Auswahl eines anderen Kindes als Opfer für sie selbst eine gewisse Sicherheit ergibt, nicht selber Opfer zu werden. (Alsaker 2017, S. 16)

So entsteht aus zunächst einer Handlung eines Einzelnen, ein Gruppengeschehen.

Im Gegensatz dazu steht die Ansicht, dass es nicht willkürlich ist, wer zum Mobbing-Opfer wird.

Typische Mobbing-Opfer scheinen im Wesen und Charakter genau konträr zu dem Täter zu sein, sie sind unter anderem weniger aggressiv als andere Kinder und körperlich schwächer. Sie weisen eine „ängstliche Persönlichkeitsstruktur" auf (vgl. Lagerspetz et al. 1982, Olweus 1997). Damit sind ein geringes Selbstwertgefühl verknüpft, eine Neigung zur sozialen Isolation und erkennbare Angst sich zu wehren (Schuster 1997).

Besonders unerträglich wird Mobbing dadurch, dass es wiederholt und über einen längeren Zeitraum zu diesen aggressiven Handlungen kommt. Wenn nicht rechtzeitig interveniert wird, können sich die Situationen über mehrere Jahre ausdehnen. Das Mobbing-Opfer allein hat kaum eine Chance dieser Situation wieder zu entkommen.

Welche Formen von Mobbing gibt es

Alle Formen aggressiven Verhaltens können zu Mobbing Zwecken angewendet werden. Beispielsweise sowohl körperliche, als auch verbale Handlungen, Drohungen und Erpressung, Zerstörung oder Diebstahl von Eigentum und beleidigende Gesten. Aber auch indirekte unterschwellige Handlungen, nonverbale Handlungen.

Auch soziale Ausgrenzung, das in die Welt setzen von Gerüchten und das Ignorieren gehören dazu. Nicht vergessen werden darf auch das Feld der umdeutbaren Handlungen. Aggressives Verhalten wird so ausgeführt, dass sich der oder die Täter der Täterrolle entziehen können. Zum Beispiel: Das Opfer ist gefallen, weil man es versehentlich angestoßen hat. Oder die verbalen Angriffe waren gar nicht so gemeint, wie das Opfer sie aufgefasst hat.
Im Zeitalter von Facebook, Instagram und Co. findet ein großer Teil von Mobbing auch als sogenanntes Cyber-Mobbing statt. Da sich die Täter dabei besonders leicht in der Anonymität verbergen können, stellt es ein ganz besonderes Problem dar, da dabei das Opfer in sehr kurzer Zeit von einem sehr großen Publikum bloßgestellt werden kann.

Während die körperlichen Aggressionen mit zunehmendem Alter abnehmen, nehmen die verbalen Attacken zu.

Welche schlimmen Folgen können sich für Mobbing-Opfer ergeben

Einige Studien zeigen auf, dass Mobbing über einen längeren Zeitraum häufig zu Depressionen mit allen daraus möglichen Folgen, auch Suizid, führen kann. Auch ein mangelndes Selbstwertgefühl kann daraus resultieren. (vgl. Cook et al. 2010, Alsaker 2006)

Nicht selten wird durch das Umfeld des Opfers die Situation bagatellisiert oder gar erwartet, dass sie sich selbst aus dieser Situation befreien, zum Beispiel durch aktives Wehren oder einem angepassteren Verhalten. Es ist für das Opfer jedoch meist ausweglos. Sie können versuchen was sie wollen, einmal zum Opfer auserkoren, werden sie der Spirale allein nicht entkommen können.

Eine Studie hat zeigen können, dass die Minderung des Selbstwertes selbst im Erwachsenenalter anhalten kann, auch wenn die Mobbing-Erfahrung lange Zeit zurück liegt (vgl. Olweus 1993)

Angst vor weiteren Mobbing-Attacken kann auch dazu führen, dass die Schule geschwänzt wird, oder es gar zum Schulabbruch kommt.

Mobbing führt außerdem nicht selten zu körperlichen Beschwerden wie beispielsweise Kopf- oder Bauchschmerzen. Aber auch Schlafprobleme und Müdigkeit oder auch Bettnässen können Auswirkungen sein.

„Fehlende Unterstützung, Ausschluss und Ausnutzung sind Gift für jeden Menschen und können zu extremen selbstschädigenden Handlungen führen" (Alsaker 2017, S. 135)

Dr. Jo-Jacqueline Eckhardt (Dr. Eckardt 2006, S. 25/26) beschreibt sehr passend, dass auch das Umfeld, sprich die gesamte Klasse unter der Mobbing-Situation leidet. Denn selbst nicht betroffene Kinder leben mit der Angst auch zu Opfern werden zu können. Eine Atmosphäre der Gewalt und Angst bewirkt, dass die übrigen Schüler ihr Verhalten anpassen und der Unterricht beeinflusst wird.

Es ist daher nicht nur für die Eltern betroffener Kinder, sondern in besonderem Maße auch für die Pädagogen wichtig, Mobbing-Situationen zu erkennen und mit geeigneten Mitteln dagegen zu wirken.

Kann präventiv etwas unternommen werden, um Kinder vor Mobbing zu schützen

Ausgehend von der Annahme, dass Mobbing-Opfer eine „ängstliche Persönlichkeitsstruktur" aufweisen und damit ein geringeres Selbstwertgefühl verknüpft ist (Schuster 1997), kann durch eine liebevolle Erziehung, wodurch Kinder Unterstützung, Geborgenheit und Wertschätzung erfahren schon einiges dazu beigetragen werden, die Kinder zu sicheren, empathiefähigen Menschen heranwachsen zu lassen. Eine Setzung klarer Grenzen hat bei aller Liebe positive Auswirkungen. Diese sollten zwar bestimmt und konsequent, aber ohne Aggressionen gesetzt werden.

Es ist förderlich den Kindern die Möglichkeit zu lassen Selbstbestimmungskompetenzen zu entwickeln. Diese Möglichkeit würde eingeschränkt, wenn zu viel Kontrolle ausgeübt wird. Die Kinder sollten in Konflikten mit anderen Kindern lernen dürfen, sich selbst in der Peer-Gruppe zu behaupten. Kinder sollten ihre eigene Kompetenzen und ihren eigenen Wert regelmäßig erfahren können.

Lob und Unterstützung ermöglicht es ein positives und sicheres Selbstwertgefühl aufzubauen. Ungünstig kann es sich auswirken, wenn Kinder von ihren Eltern kaum emotionale Sicherheit erfahren und eventuell sogar Zurückweisung erleben. Die Gefahr besteht, dass diese Kinder wenig Interesse an anderen zeigen können, sich unsicher verhalten und sich inkompetent fühlen. Dieses macht sie möglicherweise zur Zielscheibe für Mobber.

Studien zeigten, dass in den Familien von aggressiven Mobbing-Opfern weniger auf die Probleme der Kinder eingegangen wurde und die Kinder sich weniger ernst genommen fühlten. (vgl. Rostampour, Melzer 1999)

„Eine gute, sensible und sichere Beziehung ist ein sehr guter Start im Leben und bietet den Kindern Rückhalt in schwierigen Situationen. Auch wenn sie keinen Schutz vor allen Gefahren bietet, senkt sie das Risiko für Probleme in der Peer-Gruppe.

Kinder die in Familien mit Gewalt konfrontiert werden, haben ein höheres Risiko als andere, selber aggressiv gegenüber ihren Peers zu sein und eventuell auch selber Opfer von Mobbing zu werden." (Alsaker 2014, S.96/97)

In der Praxis ist es zur Stärkung des Selbstbewusstseins von Vorteil das Kind über seine Rechte aufzuklären. Zum Beispiel : „Du darfst entscheiden, wer dich anfassen darf !" Oder dem Kind Erfolgserlebnisse ermöglichen, es an bereits errungene Erfolge erinnern, ihnen Verantwortung geben und ihnen etwas zuzutrauen, ihnen Zeit, Liebe und Aufmerksamkeit schenken, eventuell auch das Kind einen Selbstverteidigungskurs besuchen zu lassen. (Dr. Eckhardt 2006, S. 70/71)

Auch in der Schule, oder dem Kindergarten lässt sich durch die Pädagogen Prävention gegen Mobbing betreiben. Es kann klar Stellung bezogen werden, dass Mobbing nicht geduldet wird. „Es ist für die nachhaltige Prävention von Mobbing wichtig, dass die Lehrperson eine zentrale Rolle im Umgang mit allfälligen Mobbing-Problemen einnimmt." (Dr. Alsaker 2014, S. 142)

Eine Zusammenarbeit von Eltern und Lehrperson spielt bei der Prävention eine entscheidende Rolle. Niederschwellige Kommunikationsmöglichkeiten erleichtern die Zusammenarbeit auch unabhängig von auftretenden Problemen. So ist ein Austausch über die Entwicklung und das Befinden des Kindes gegeben.

Insbesondere ist das Be-Prox, Berner Präventionsprogramm gegen Gewalt (nach Alsaker) zu benennen.

Mit Hilfe dieses Programmes sollen insbesondere Lehrpersonen auf Mobbing-Prävention in Kindergärten und Schulen vorbereitet werden. Das Programm geht auf die individuellen Bedürfnisse, Ressourcen und Limits der Pädagogen ein.

Als Grundlagen werden die Definition von Mobbing, die Rollen aller und Eigenheiten der Gruppendynamik geklärt.

Dazu werden folgende Themen angesprochen und umgesetzt:
– Hinschauen lernen
– Mobbing in der Klasse/Gruppe thematisieren
– Absprachen und Verträge mit den Kindern diskutieren, einführen und durchsetzen

- Zivilcourage üben
- Stopp sagen lernen und Hilfe holen
- positive und interessante Aktivitäten für alle einführen
- Kontakt mit den Eltern halten und pflegen.

Als zentrale Kerninhalte sind
- Respekt und Akzeptanz
- klare und offene Kommunikation
- Zivilcourage und Körperbewusstsein
zu nennen.

Es gibt eine Reihe von Kinderspielen die präventiv eingesetzt werden könne, wobei die Empathiefähigkeit gesteigert werden kann. Ein sehr schönes Spiel „So wie du bist" lässt die Kinder zu Musik kreuz und quer durch den Raum laufen. Sobald die Musik stoppt bleiben die Kinder stehen und wenden sich dem Kind, dem sie am nächsten stehen zu und sagen ihm eine Eigenschaft die sie an ihm erkennen. Gefolgt von dem Satz : „Deshalb mag ich dich, so wie du bist." Sobald die Musik wieder einsetzt bewegen sich die Kinder weiter. (Rossa 2016, S.10)

Der akute Mobbing-Fall

Könnte es sein, dass ihr Kind gemobbt wird

Verhält sich ein Kind neuerdings anders, als zuvor und es steht zu befürchten, dass es gemobbt wird, sollte in einem Gespräch geklärt werden, welche Ursachen dieser Veränderung zu Grunde liegen und ob eventuell eine Mobbing-Situation vorliegt.

Dabei könnte das Thema Mobbing direkt angesprochen werden, oder aber auch mit behutsamen Fragen versucht werden sich einen Eindruck davon zu vermitteln, wie die Situation für das Kind in der Schule ist. Zur Klärung helfen Fragen nach bestehenden Freundschaften, Gruppenbildungen, Vertrauensverhältnissen, erlittenen Angriffen, Gerechtigkeit, schlimme Situationen, Gerede über einzelne Kinder und auch, ob sich das Kind jemandem anvertrauen würde, wenn es Probleme in der Schule hätte.

Selbst wenn sich der Eindruck von einer Mobbing-Situation nicht verfestigt, ist es sicher trotzdem eine gute Gelegenheit mit dem Kind über Mobbing zu reden

Sollte sich die Befürchtung bewahrheiten, ist es ganz wichtig das Kind aufzufangen und ein behutsames Gespräch mit ihm zu führen. Es ist dabei von Bedeutung keine Vorwürfe zu formulieren im Sinne von: „Warum hast du dir das gefallen lassen?" Aber auch schnelle Ratschläge und Verurteilungen sollten nicht geäußert werden.

Wichtig ist es dagegen dem Kind zu vermitteln, dass es nicht allein ist und in der Familie absolute Rückendeckung erhalten wird. Das Kind benötigt Empathie und Verständnis, aber auch Zuversicht, dass ihm in Zukunft beigestanden wird. (Dr. Eckardt 2006, S. 16-18)

Gefährliche Fehler, wenn ein Kind bereits zum Opfer wurde

Primär geht es darum dem Opfer Schutz zu bieten und es anzuleiten sich selbst zu schützen. Leider kommt es durch ungeschulte Personen dabei nicht selten zu eher schädlichen Äußerungen. Keinesfalls sollte der Ratschlag: „ Du musst dich nur wehren!", gegeben werden. Dieser Ausspruch beinhaltet eine Teilschuld des Opfers an der Situation und unterstellt, dass es sich noch nicht gewehrt hat, die Situation aber einfach beenden könnte, wenn es sich nur wehren würde. Besonders wenn berücksichtigt wird, dass Opfer häufig unter mangelndem Selbstwertgefühl leiden, zielt dieser Ratschlag genau in die falsche Richtung.

Eine weitere Gefahr besteht darin, dass „ein sich wehren" bei einem weit überlegenem Angriff von mehreren Angreifern durch Misserfolg gekrönt sein wird. Solange dem Kind keine Strategie geliefert werden kann, ist zu befürchten, dass sich die Folgen für das Opfer dadurch noch verstärken, denn oftmals reagieren die Opfer in ihrer Verzweiflung eskalierend. Die Mobber jedoch sind in ihrer Aggressivität geübter und werden vermutlich als Sieger aus der Situation hervorgehen.

Da Mobbing häufig im Geheimen stattfindet, kann ein Wehren auch dazu führen, dass nach außen die Rollen vertauscht werden und das Opfer nun als Täter dargestellt wird. Gefahr der Glaubhaftigkeit von Aussagen mehrerer gegen die Aussage eines Einzelnen. (Kindler 2009, S. 51)

Anders lautende Ansichten besagen, je früher das Kind den Mobbern Gegenwehr leistet, desto besser. Der oder die Angreifer sollen zu spüren bekommen, dass das Opfer sich zur Wehr setzten kann und sich somit gar nicht erst in eine Opferrolle begibt.
(http://www.betreut.de/Artikel/Magzin/Kinder, Stand: 30.07.2017)

Das muss jedoch nicht unbedingt im Widerspruch zu der vorherigen Ansicht stehen. Bei beginnenden Konflikten kann es durchaus erfolgreich sein mit dem angegriffenen Kind gemeinsam nach selbstsicheren und humorvollen Antworten bei beleidigenden oder respektlosen verbalen Angriffen zu suchen. Dabei kann man entweder dem Angriff entgegen setzen mit Sätzen wie: „ Immer dasselbe, lass dir doch mal etwas neues einfallen!", „Ich habe keine Lust mich mit dir zu streiten, vielleicht findest du ja jemand anderen!", „ Findest du das witzig?"
Oder aber auch Strategien gegen den Angreifer entwickeln in Sätzen wie: „Brauchst du das über andere herzuziehen, geht es dir dann besser?" oder „Ah der Modemeister meldet sich zu Wort, wie nett!"

Damit kann die eigentliche Schwäche des Angreifers herausgestellt werden, vorausgesetzt die Antworten werden selbstbewusst und klar vorgebracht. Diese Sätze könnten zuvor in einem ruhigen Umfeld eingeübt und auswendig gelernt werden. (Kindler 2009, S. 52/53)

Erste Schritte wenn man erfährt, dass das Kind gemobbt wird

Auch wenn es weh tut zu erfahren, dass das eigene Kind gemobbt wird, ist es nicht ratsam sofort die Eltern des Mobbers oder die Lehrkräfte anzurufen. Ein Gespräch mit Lehrern und Eltern wird sicherlich erforderlich werden, jedoch erst nachdem man in Ruhe die Situation analysiert und die gewünschten Ziele überdacht hat.

Hilfreich sind dabei die sogenannten W-Fragen. Wer sind die Mobber? Wie begann es? Wann begann es? Wer steht den Mobbern bei? Wer steht auf deiner Seite? Wie hast du reagiert? Wer weiß schon davon? Wann passiert es? Welche Motive werden bei den Mobbern vermutet? Was muss sich ändern?

Eine schriftliche Aufstellung erleichtert es den Überblick zu behalten und nichts zu vergessen.

Wenn das Kind alt genug ist sich selbst aktiv zu beteiligen, sollte es das auch tun. Es hilft dabei aus der passiven Opferrolle in die selbst agierende Rolle zu wechseln. Möglicherweise ergeben sich dadurch Lösungsansätze.

Auch grafische Darstellungen erleichtern es die Zusammenhänge zu verstehen. Es lässt sich daraus erkennen, wer der Haupttäter ist und wer die Mitläufer sind. Aber auch wer aus der Gruppe Unterstützung geben könnte.

Bei der Formulierung der Ziele sollte man darauf bedacht sein, diese sehr spezifisch und konkret zu formulieren, aber auch, dass sie realisierbar und positiv formuliert sind. Ist ein Ziel nicht klar formuliert, zum Beispiel: „Hör auf mich zu beleidigen!" fällt es dem Mobber leicht sich da heraus zu reden. Formuliert man es jedoch klar: „Hör auf mich Brillenschlange zu nennen!", gibt es darauf für den Angreifer nur zwei Möglichkeiten: a) auf die Aufforderung einzugehen oder b)sie zu ignorieren.

Positiv formuliert könnte man ausdrücken: „Ich möchte mich in der Klassengemeinschaft wohl fühlen", anstatt zu sagen: „Ich möchte nicht ausgelacht werden."

Setzt man ein Ziel, dass sich die Gefühle anderer oder deren Persönlichkeiten, sich ändern sollen, ist das leider nicht realisierbar, jedoch kann es ein Ziel sein, dass diese ihr Verhalten ändern. (Dr. Eckardt 2006, S. 62-68)

Wie kann das Kind gestärkt werden, in der Mobbing-Situation besser zu bestehen

Auch wenn das Kind durchaus selbst zum Akteur werden sollte, ist es dennoch sehr wichtig, ihm vollen Beistand zu gewährleisten. Das Kind sollte unterstützt werden genügend Selbstsicherheit zu erlangen um Angriffe deutlich und bestimmt „Lass das!" zu sagen.

Es ist möglich Selbstbewusstsein zu trainieren. Hier gilt Ähnliches wie bei der Vorbereitung der Kinder in der Prävention. Um das besprochene Verhalten auch in der emotionalen Situation während des Mobbings abrufen zu können, ist es empfehlenswert dieses in Rollenspielen einzuüben, wenn möglich auch diese mit Videokamera aufzunehmen.

Es könnte eine erlebte Situation nachgespielt werden und so lange nach geeigneten Reaktionen gesucht werden, bis man mit dem Ergebnis zufrieden ist. Selbstsichere und humorvolle Antworten könnten einstudiert werden.

Wenn ein Kind tendenziell schnell aggressiv reagiert, ist zu empfehlen für bestimmte Situationen auch Entschuldigungen zu üben. Diese sollten das Opfer jedoch nicht „klein" machen, sondern freundlich und neutral sein. Zum Beispiel: „ Entschuldige, ich habe dich gar nicht gesehen."

Nicht vergessen werden darf auch die Möglichkeit, sich durch Wegrennen und um Hilfe suchen zu schützen, anzusprechen. Dieses wird wohl eher erforderlich sein, wenn ein körperlicher Angriff vorliegt.

Bei beginnenden Konflikten, kann es auch Erfolg bringen klare Ansagen zu geben: „Ich heiße nicht Brillenschlange, ich heiße Johanna!" oder: „ Ich habe das Gefühl, dass zwischen uns etwas nicht stimmt, haben wir etwas zu klären?"

Da es sich bei Mobbing um ein Gruppengeschehen handelt, lohnt es sich immer die Rollen aller Gruppenmitglieder   zu analysieren. Gibt es „Passive" in der Gruppe? Oder unter den „Passiven" vielleicht Persönlichkeiten, die so viel Ansehen genießen, dass es ihnen möglich wäre, die Mobbing-Dynamik auszubremsen.

Vielleicht können aber auch weitere Opfer ausgemacht werden. In dem Falle könnte es sehr hilfreich sein, wenn sich diese zusammenschließen würden, um sich gemeinsam gegen die Mobber stark zu machen. (Dr. Eckardt 2006, S. 62- 68)

Welche Rolle fällt den Lehrern und Erziehern zu

Mobbing geht alle an, nicht nur das Opfer und die Täter.

Françoise Alsaker weist darauf hin, dass 80 % der Kinder und Jugendlichen, die die Klasse wegen Mobbings verlassen, kein persönliches Gespräch über ihre Situation mit einem Lehrer hatten. (Kindler 2009, S.4)

Ein Schulwechsel bringt jedoch leider oft nicht die gewünschte Veränderung. Während es bei einem einfachen Konflikt zwischen Kindern durchaus sinnvoll ist eine Schlichtung anzustreben, ist bei einem Mobbing-Geschehen dieses eher nicht Erfolgs führend. Denn mit Kompromissen lassen sich die Attacken eher nicht beenden, da diese eine Veränderung der Opfer beinhalten würden und den Tätern in Ansätzen zumindest ihre Taten zugebilligt werden. Bei Mobbing ist meist konfrontatives Einschreiten notwendig.

„Fazit: Mobbing ist zu beenden. Ohne Kompromisse." (Kindler 2009, S. 53)

Manchmal jedoch ist es schon verpönt das Wort „Mobbing" auszusprechen. Solange die Schule bzw. der Kindergarten sich weigert dieses Problem zu erkennen muss auch nicht gehandelt werden. Es besteht häufig eine gewisse Furcht vor einer schlechten Außenwirkung, was dazu verleitet die Situation herunterzuspielen und als einen ganz normalen kleinen Konflikt abzutun.

Ergibt sich jedoch für eine pädagogische Fachkraft der Verdacht, dass ein Mitglied der Klasse oder der Gruppe gemobbt wird, sollte durch ein behutsames, ausführliches Einzelgespräch mit dem Opfer Einzelheiten geklärt werden. Es sollte geklärt werden, wie genau die Attacken durchgeführt werden, seit wann sich die Geschehen ereignen, wer was unternommen hat und ob Zeugen dieser Übergriffe bekannt sind. Sinnvoll ist auch die Erstellung von Gesprächsprotokollen. Um auszuschließen, dass es sich um gegenseitige Schuldzuweisungen handelt, ist auch das Gespräch mit der Gegenseite zu führen.

Durchaus denkbar ist es, dass der Pädagoge dabei auf Widerstände durch das Opfer stößt, da dieses Angst hat, bloßgestellt zu werden, als Petze zu gelten oder durch das Thematisieren noch mehr Angriffen ausgesetzt zu sein. Die Lehrkraft sollte die Angst ernst nehmen, jedoch dazu stehen, dass die Situation so nicht geduldet werden kann. Dem Opfer sollte Vertraulichkeit zugesichert werden und auch, dass es keinesfalls als Informant benannt oder bloßgestellt wird. Ihm sollte Schutz zugesichert und auch gegeben werden.

Bei Gesprächen mit den Eltern des Mobbing-Täters ist es sinnvoll sehr sachlich zu bleiben und sich einer Wertung zu enthalten, da diese nur Widerspruch provozieren würden. Es kann jedoch klar formuliert werden, dass die Eltern ihrem Kind darlegen sollen, dass mobbendes Verhalten seitens der Schule nicht geduldet wird und auch Sanktionen nach sich ziehen wird. Es hingegen durchaus positiv für das Kind wäre, derartiges Verhalten in Zukunft zu unterlassen.

Jede Mobbing-Situation muss individuell betrachtet und angegangen werden. (Kindler 2009, Kapitel 5)

Konkrete Lösungsansätze und Vorgehensweisen

Eine mögliche Vorgehensweise - Der No-Blame-Approach

„Der No-Blame-Approach (wörtlich: „Keine-Schuld-Ansatz) ist eine lösungsorientierte Vorgehensweise in der Tradition systematischer und kurzzeittherapeutischer Ansätze von Steve de Shazer und Insoo Berg" (Kindler 2009, S. 39-41)

Dabei soll auf Schuldzuweisungen und Bestrafungen verzichtet werden. Der Grundgedanke liegt darin die Gruppenmitglieder in die Verantwortung zu nehmen. Mit ihren Fähigkeiten und Ressourcen, suchen die Kinder/Jugendlichen selbst nach einer wirksamen Lösung. Das Programm verläuft in drei Schritten.

Zunächst führt der Pädagoge ein Gespräch mit dem Opfer über dessen Gefühle aufgrund der Mobbing-Attacken. Die Vorfälle selbst sind dabei nicht von Bedeutung, jedoch die Nennung der Täter und Mitläufer.

Im zweiten Schritt wird eine sogenannte „Unterstützergruppe" gebildet. Neben dem Täter und den Mittätern, werden auch andere Gruppenmitglieder in die Unterstützergruppe aufgenommen. Im günstigsten Fall Kinder, die über ein konstruktives Sozialverhalten verfügen. Das Mobbing-Opfer selbst ist bei den Treffen der Unterstützergruppe nicht anwesend. Nachdem durch den Pädagogen den Gruppenmitgliedern dargelegt wird, wie sich das Opfer aufgrund der Attacken fühlt, werden die Gruppenmitglieder in die Verantwortung genommen und aufgefordert nach Lösungen zu suchen, um eine Situation zu schaffen, in der sich das Opfer sicher und wohl fühlen kann. Dabei wird jedes Gruppenmitglied nach Lösungsvorschlägen befragt. Ein Vorteil dabei ist, dass den Kindern insbesondere den Tätern und Mitläufern keine Verhaltensvorgaben von „oben" aufgezwungen werden, sondern es sich um selbst erarbeitete Lösungsansätze handelt, welche mehr Verständnis für deren Umsetzung bekommen.

Ein weiteres Treffen der Gruppe wird vereinbart.

Im dritten Schritt werden nach einer gewissen Zeit, etwa einer Woche, Einzelgespräche mit allen Beteiligten, auch dem Opfer geführt, um Veränderungen an der Situation zu erfragen. Es können auch mehrere Gespräche mit der Unterstützergruppe und den einzelnen Beteiligten erforderlich sein und durchgeführt werden.

Bei dem „No-Blame-Approach" handelt es sich sicherlich um eine Vorgehensweise, die in vielen Fällen zum Erfolg führen kann. Jede Mobbing-Situation kann allerdings nicht ohne Sanktionen bleiben. Das ist stark abhängig von der Art der Übergriffe und auch von dem berechtigten Interesse des Opfers, dass der oder die Täter nicht völlig ungestraft bleiben.

Zu bezweifeln ist auch, ob der oder die Täter ohne Sanktionen und vor allem auch bei einem Geheimhalten ihrer Taten zur kritischen Selbstreflexion fähig sein werden. Besonders wenn im Zuge des Mobbings Straftaten begangen wurden, ist es sicher nicht hinnehmbar, dass diese unter den Tisch gekehrt werden und die Handlungen der Täter völlig straffrei bleiben. Daher sollte jeder Einzelfall gründlich betrachtet werden und dann die Entscheidung getroffen werden, ob ein Vorgehen im Sinne des „No-Blame-Approachs" sinnvoll und auch tragbar ist. (Kindler 2009, S.40)

Alternative Vorgehensweisen

Als direkte Intervention könnte die „Farsta-Methode" benannt nach Stadtteil von Stockholm angewandt werden. Die Methode wurde durch Karl Llungström erarbeitet. Die Täter werden dabei mit ihren Taten konfrontiert und im Vergleich zum No-Blame-Approach nicht geschont.

Die Mobber werden überraschend einer nach dem anderen aus der Klasse zum Gespräch geholt. Es wird deutlich dargelegt, dass die Mobbing-Attacken bekannt sind und sofort zu beenden sind.

Die Vorfälle werden nur sachlich angesprochen, der Fokus liegt dabei auf den Taten, nicht auf dem Täter. Die Täter werden aufgefordert nach Möglichkeiten zu suchen, damit sich die Situation für das Opfer bessert. Die Mobber sollen dabei lernen mit dem Opfer zusammen zu arbeiten und eine Reintegration des Opfers zu bewirken.

Im Gegensatz zum No-Blame-Approach ist diese Methode nur bei etwas älteren Schülern anwendbar. Es ist dabei mit Widerstand und auch Rechtfertigungsgründen der Täter zu rechnen.
Nur bei einer Verweigerung der Mitarbeit, kommt es zu Sanktionen.
(http://www.konfliktvermittler-training.de, Stand: 12.08.2017)

Eine weitere Vorgehensweise wäre, im Unterricht Mobbing zu thematisieren mit besonderem Blick auf die Gefühle der Opfer. Auch hier können die Kinder aufgefordert werden, sich mit Lösungsvorschlägen einzubringen. Voraussetzung ist jedoch, dass davon ausgegangen werden kann, dass sich die Kinder einfühlsam mit dem Thema auseinander setzen können.

Rollenspiele eignen sich auch hier durchaus, solange man bedenkt, das tatsächliche Opfer nicht die Rolle des Opfers im Spiel übernehmen zu lassen. Durch das Nachspielen prekärer Situationen wird den Tätern, Mittätern und Zuschauern ein Nachfühlen der Gefühle des Opfers ermöglicht. Die Gruppe kann gemeinsam nach möglichen Verhaltensweisen der einzelnen Rollen suchen und diese diskutieren.

Durch Rollenspiele und auch andere Gruppenarbeiten kann zu Toleranz und Empathie erzogen werden.

Im Klassenverband könnten klare verbindliche Regeln für alle erarbeitet werden. Dieses sollte in Gemeinschaftsarbeit geschehen, da so die Akzeptanz gesteigert wird. Ein Brechen der Regeln wird mit festgelegten Strafen sanktioniert. Wenn alle hinter diesen selbst auferlegten Regeln und deren Sanktionen stehen, kann es nicht als „Petzen" bezeichnet werden, wenn bei einer Mobbing-Attacke eingegriffen, oder Hilfe herbeigeholt wird.

Auch könnte man die Toleranzschwelle absenken. So dass schon das Aussprechen von Beleidigungen und das Betiteln mit Schimpfwörtern sanktioniert wird. (Dr. Eckardt 2006, S.83-85) Zu bedenken ist jedoch, dass es auch durchaus lieb gemeinte, harmlose Neckereien unter Schülern geben kann und durch diese Sanktionen der gegenseitige Spaß daran nicht verloren gehen sollte.

Ein sehr interessanter Ansatz ist auch das „Buddy-Konzept". Dafür werden Schüler der Klasse als persönliche Schutzengel des Opfers ausgewählt. Es geht nicht darum, sich mit dem Mobbing-Oper anzufreunden, sondern immer dann einzugreifen, wenn es zu Übergriffen kommt. (Kindler 2009, S. 108)

Schulische Sanktionen

Da es sich bei Mobbing um ganz bewusste Handlungen handelt, die dazu gedacht sind ein anderes Kind zu erniedrigen oder zu verletzen und dieses für das Opfer sehr weitreichende Folgen haben kann, ist es besonders im Hinblick auf das Opfer nicht nachvollziehbar auf Sanktionen zu verzichten.

Es könnte vermitteln, dass die Taten des Täters toleriert werden und die Leiden des Opfers nicht ernst genommen werden.

Um die Glaubwürdigkeit zu erhalten, ist es wichtig angedrohte Sanktionen bei Zuwiderhandlung auch tatsächlich durchzuführen. Über geplante Sanktionen in Form von Ordnungsstrafen sollten die Eltern der Betroffenen informiert werden. Die Art der Ordnungsstrafen sollte in Abstimmung mit der Schulleitung erfolgen und nicht zu Diskussion mit den Betroffenen oder deren Eltern stehen. Nicht erstrebenswert sind Sanktionen, die die Täter nicht als Strafen anerkennen können, da sie ohne Konsequenzen bleiben. Hier sind zum Beispiel Einträge in das Klassenbuch zu erwähnen.

Es ist dabei darauf zu achten, dass sich die Sanktionen auf die Taten und nicht auf die Täter beziehen. Denn es wäre anmaßend den Charakter eines Schülers nur aufgrund der in der Schule festgestellten Verhaltensweisen zu beurteilen. Nach der Bestrafung ist der Mobber rehabilitiert solange er sich daran hält und keine weiteren Attacken ausführt. Eine offene Kommunikation darüber hilft dem Täter die Strafe anzuerkennen. (Kindler 2009, S. 60-62)

Wie kann das Opfer geschützt werden

Wie bereits in vorherigen Absätzen erwähnt, ist es besonders wichtig dem Opfer Zuversicht zu vermitteln und Schutz zuzusichern. Bei der Zusicherung allein darf es selbstverständlich nicht bleiben. Da jeder Mobbing Fall unterschiedlich ist, muss auch der Schutz des Opfers individuell gestaltet werden.

Eine Möglichkeit ergibt sich dadurch, die Aufsichten in der unterrichtsfreien Zeit zu erhöhen. Besonders an Örtlichkeiten, die das Opfer passieren muss, aber von Blicken von außen geschützt sind. Dem Opfer kann vermittelt werden, dass es bei jeglichem weiterem Vorfall eine Lehrkraft informieren soll.

Wünschenswert wäre es auch dem Opfer Zufluchtsmöglichkeiten in den Pausen zu schaffen, oder aber geschickt dafür zu sorgen, dass es jederzeit in Begleitung ist.

Den Tätern kann in klaren Worten mitgeteilt werden, dass das aggressive Verhalten nicht länger geduldet wird und dieses mit der Androhung harter Konsequenzen untermauern. Vorsicht ist jedoch geboten, wenn die Täter glauben müssen, dass sie vom Opfer angeschwärzt wurden. Dieses könnte erst recht zu weiteren Übergriffen führen. Sehr erstrebenswert ist es jedoch, wenn besonders vertrauenswürdige Mitschüler dazu motiviert werden können, einzuschreiten bzw. Hilfe zu holen, wenn es zu weiteren Angriffen kommt. Denkbar wäre auch diese Mitschüler dafür zu sensibilisieren, das Mobbing-Opfer zu integrieren. Dieses könnte geschehen, indem man das ausgegrenzte Kind zu sich her bittet, wenn es allein herumsteht.

Auf jeden Fall sind auch die anderen Lehrkräfte zu informieren, damit diese unverzüglich intervenieren können, wenn sie irgendeine Form von Übergriffen bemerken.

Sollte es nicht möglich sein die Problematik in den Griff zu bekommen, können weitere Instanzen wie Schulpsychologen oder die zuständige Schulbehörde eingeschaltet werden.

Eine Möglichkeit zur Entspannung der Situation könnte auch die Ausbildung und Einsetzung von älteren Schülern als Konfliktlöser oder Pausenhelfer sein. Ihre Aufgabe wäre es bei Übergriffen und Konflikten auf dem Pausenhof deeskalierend einzuwirken. Gewalt darf dabei selbstverständlich nicht angewandt werden. Sie halten sich während der Pausen auf dem Schulhof auf und greifen selbständig ein, wenn ihnen Übergriffe auffallen. (Kindler 2009, S. 107-108)

Aber auch andere Schüler könnten durch Spiele auf solche Situationen vorbereitet werden. „Der Notfall-Plan" Dabei wird theoretisch eine Konfliktsituation dargestellt und analysiert. Dabei wird zunächst über die Fragen

−   Wie kam es zum Streit?
−   Wie haben sich die Streitenden verhalten?
−   Was hat den Streit verstärkt?
−   Wie ist der Streit wohl ausgegangen?
−

diskutiert und im Anschluss nach Möglichkeiten gesucht aus dem Streit auszutreten. Anhand der gesammelten Antworten kann ein Notfall-Plan erstellt werden. Die Lösungen könnten in den Schritten

−   Was kann ich tun?
−   Was kann der andere tun?
−   Was kann ich sofort machen?
−   Was sollten wir später noch machen?

geordnet werden.

Eine weitere Möglichkeit wäre das Rollenspiel „Auf dem Schulhof". Hierbei übernehmen zwei Schüler die Rollen sich streitender Schüler. Ein drittes Kind übernimmt die Rolle eines Lehrers, welcher das Opfer schützen und den Streit beilegen möchte.

Im Anschluss daran wird durch die Klasse die Vorgehensweise und die Schwierigkeiten besprochen. (Rossa 2016, S. 26)

Wenn es zu Straftaten gekommen ist

Falls es im Rahmen der Mobbing-Attacken zu Straftaten gekommen ist, ist unbedingt auch an eine Strafanzeige bei der Polizei zu denken. Dieses kommt besonders in Frage, wenn Waffen im Spiel waren, das Opfer absichtlich verletzt wurde oder zu vermuten ist, dass eine Straftat gegen die Unversehrtheit des Opfers geplant ist. Aber auch bei Vandalismus, vorsätzlicher Sachbeschädigung und Diebstahl liegen Straftaten vor.

Nicht selten lassen die Täter von ihren Opfern ab, wenn sie erkennen müssen, dass es sich nun definitiv nicht mehr um harmlose Neckereien handelt, die ungesühnt bleiben.

Andere Täter könnten abgeschreckt sein, wenn sie erkennen, dass die Taten auch für die Täter weitreichende Folgen haben werden.

Wenn das Opfer umfangreichen Schutz erhält, kann es sich sehr positiv auf die Persönlichkeitsentwicklung auswirken. Es sieht sich der Situation nicht hilflos ausgeliefert, sondern erlebt, dass der Mut, sich den Opfern entgegen zu stellen zu einem Erfolg geführt hat.
(Dr. Eckardt 2006, S. 120-123)

Zusammenfassung

„Mobbing geht alle an, nicht nur die Täter und Opfer!" Es geht nicht allein darum einzelne Kinder vor Übergriffen zu schützen. Allen Kindern sollte es ermöglicht werden in einer friedlichen und respektvollen Atmosphäre zu lernen, in der alle an einem guten Miteinander interessiert sind.

Zu einem guten und friedlichen Miteinander gehört auch, dass sich die Situation nicht dreht und plötzlich alle gegen den Mobber gehen und übertriebene Strafen fordern. Dabei würde sich eine Spirale weiterer Gewalt entwickeln. Nicht der Mobber sollte geächtet werden, sondern seine Taten.

Ein Kind das gemobbt wird braucht Verständnis, Schutz und Hilfe. Keinesfalls sollte ihm eine Mitschuld an den Geschehnissen gegeben werden. Jedes Kind darf sein wie es ist, solange niemand dadurch Schaden nimmt. Es ist nicht nötig sich anzupassen, um akzeptiert zu werden. Vielmehr geht es darum Verständnis dafür zu entwickeln, dass es Unterschiede gibt und diese Potenzial für Entwicklung bieten.

Ein gesundes Selbstbewusstsein und erlebte und gelebte Empathie bieten eine gute Grundlage für einen gewaltfreien Umgang.